AF314967

ESTAMPES

ANCIENNES

ÉCOLE FRANÇAISE XVIIIᵉ SIÈCLE

ŒUVRE DE WATTEAU

DESSINS ANCIENS

Chinois, Persans, Gouaches

VENTE

Du 9 au 12 Décembre 1861

EXPOSITION

Le Dimanche 8 Décembre, de 1 à 4 heures.

Mᵉ **DELBERGUE-CORMONT**, Commissaire-Priseur

M. **VIGNÈRES**, Marchand d'Estampes.

PARIS — 1861

829 - 75

1620 — 50

100 Catalogues   213
75. affiches   17 50

PORTRAITS EN BISTRE

Collection de Portraits inédits ou rares de Personnages célèbres

REPRODUITS NOUVELLEMENT PAR LA GRAVURE

Publiés par VIGNÈRES, marchand d'Estampes

Rue de la Monnaie, 13, à l'entresol, entrée rue Baillet, 1.

Godoi (don Manuel), prince de la Paix,   Varin.
Gouffé (Armand), chansonnier, vaudevilliste,   J. Porreau.
Guimard (Mademoiselle), danseuse,   id.
Jouffroy (Théodore-Simon), professeur, académicien,   id.
Jousselin de Lasalle, homme de lettres,   id.
Kant (Emmanuel), philosophe allemand,   Bracquemond.
Lainé (J.-H., vicomte), ministre et académicien,   J. Porreau.
Lamballe (princesse de), dess. d'ap. nature par Gabriel,   id.
Lasource (M.-David-Albin de), député du Tarn,   id.
Lavallière (L.-F. de la Baume, duchesse de),   id.
Lucotte (Edme-Aimé), lieut.-général, comte, né à Dijon,   id.
Marat, à la tribune, dess. d'après nature par Gabriel,   id.
Martin (Louis-Aimé), littérateur,   id.
Mazères (Édouard), auteur dramatique,   id.
Mesmer, auteur du magnétisme animal,   id.
Mezerai, actrice, Théâtre-Français,   Normand.
Orléans, duc de Montpensier (Ant.-Philippe d'), 1773-1807.   J. Porreau.
Persuis (L. Loiseau de), musicien, d'ap. Pierre Guérin,   id.
Petiet (Claude), député, ministre de la guerre,   id.
Philidor (André-Danican), musicien, auteur du jeu d'échecs,   id.
Pilon (Germain), sculpteur, 1550,   id.
Pixerécourt (Guilbert de), fac-simile, d'après J. Boilly, in-4   id.
Pongerville (Samson de), académicien,   id.
Pontus de la Gardie, général en Suède,   id.
Ramel-Nogaret, Ministre des finances, préfet,   id.
Reveillère-Lepaux, botaniste, théophilanthrope,   id.
Robert-Lindet, député, conventionnel, ministre,   id.
Romme (Gilbert), conventionnel,   id.
Rouget de L'Isle, auteur de *a Marseillaise*, musicien,   Varin.
Saint-Huruge (marquis de),   J. Porreau.
Saint-Prix, acteur, Comédie-Française,   id.
Saint-Simon (Claude-H., comte de), philosophe,   Perrot.
Silvain Maréchal, poète et littérateur,   Devritz.
Tallien (Madame), née Cabarus, d'après le baron Gérard,   Massard.
Treilhard (J.-B., comte), député, ministre, etc.,   J. Porreau.
Tronson du Coudray, avocat, du Conseil des Anciens.   id.
Vadier (A.), député aux États-Généraux,   id.
Vatout (J.), poète, académicien, bibliothécaire,   Varin.
Vigée (L.-G.-B.-E.), poète et auteur dramatique,   J. Porreau.
Cartouche (Louis-Dominique), fameux voleur.   Lallemand.
Mandrin (Louis), fameux contrebandier,   Delaistre.

Chaque portrait pouvant entrer dans un in-8 est tiré in-4.
Avec la lettre, papier blanc, 1 fr.; papier de Chine, 1 fr. 25 c.
Avant la lettre, papier blanc, 1 fr. 50 c.; papier de Chine, 2 fr.
Dont il n'est tiré que 20 épr. blanc et 5 Chine.

———

Afin de faciliter les recherches des amateurs de portraits, soit pour
les illustrations, soit pour les collections d'autographes ou autres, *deux
Catalogues détaillés* de quelques collections de portraits qui peuvent se
trouver chez moi, classés par ordre alphabétique, sera remis aux per-
sonnes qui en feront la demande affranchie.

Paris. — Imprimerie Renou et Maulde, rue de Rivoli, 144.   6893

CATALOGUE

D'ESTAMPES

ANCIENNES

DE DIVERSES ÉCOLES

École Française XVIIIe siècle

L'ŒUVRE D'A. WATTEAU

ET PIÈCES EN COULEUR

DESSINS ANCIENS

Des Écoles Flamande, Hollandaise et Française

BELLES GOUACHES

DESSINS **PERSANS** ET CHINOIS

Provenant de la Collection de M. GRUYTER, ancien négociant
et amateur Hollandais

DONT LA VENTE AUX ENCHÈRES PUBLIQUES AURA LIEU

HOTEL DES COMMISSAIRES-PRISEURS

Rue Drouot, n° 5

SALLE N° 3, AU 1er

Les Lundi 9, Mardi 10, Mercredi 11 et Jeudi 12 Décembre 1861

A UNE HEURE

Par le ministère de Me **DELBERGUE-CORMONT**, Commissaire-Priseur,
rue de Provence, 8,

Assisté de **M. VIGNÈRES**, Marchand d'Estampes
rue de la Monnaie, 13, à l'entresol; entrée rue Baillet, 1,

Chez lequel se distribue le Catalogue.

PARIS — 1861

ORDRE DES VACATIONS

PREMIÈRE VACATION.

Les attributions de l'amateur ont été conservées pour les dessins.

CONDITIONS DE LA VENTE :

Les Dessins chinois, ainsi que les persans, seront proposés chaque numéro ensemble ; s'il n'y a pas d'enchères on les divisera.

Tous les lots ne formant pas suite complète pourront être divisés.

AU COMPTANT,

Cinq pour cent en plus des enchères applicables aux frais.

———

M. VIGNÈRES faisant la vente se charge des commissions.

NOTA. Toute commission sans prix fixé ou sans limite déterminée sera regardée comme nulle.

M. VIGNÈRES se charge de faire marquer les prix aux Catalogues des ventes qu'il a faites; les amateurs qui le désirent peuvent s'adresser à lui *franco*.

(Toute lettre non affranchie ne sera pas reçue.)

ESTAMPES

ANCIENNES ET PORTRAITS

DÉSIGNATION

1 **Aliamet**, d'ap. Van der Neer. Vue de Boom.

2 **Anonymes** et divers, Silvestre, etc. 10 p.

3 **Anonyme**, Gustave Bonndhe, portrait in-fo.

4 **Audran** (B.). Mort de Saphire, d'ap. N. Poussin.

5 — Statue équestre de Louis XIV, à Lyon, très-belle ép., grand in-fo.

6 **Bagelaar** (Capitaine). Bestiaux dans la campagne. 2 p.

7 **Bakhuyzen** (L.). son œuvre de marines. Belles ép. anciennes avec marges. 12 p. y compris portrait et titre.

8 **Bargas**, Mariage de campagne, d'ap. P. Bout.

9 **Bartoli** (P. S.). d'ap. Raphaël. Figures de la Bible. 12 p. Complet.

10 **Bas** (le), d'ap. Claude. La Récompense villageoise. Sup. ép. Marge.

11 — d'ap. Breugel. Vues d'Alost-Lokeren, 2 p. Marge.

12 **Bas** (le), d'ap. Breugel. Environs d'Anvers et Bruxelles. 2 p. Marge.

13 — d'ap. Berghem. Le Matin. Marge.

14 — d'ap. Stork. Tempête V⁰, vue d'Italie.

15 — d'ap. Teniers. La Boudinière. Belle ép.

16 **Basan**, d'ap. V. Falens. Retour de Campagne.

17 **Bella** (Stefano della). Petits cartouches, frises, ornements, jardin et fontaine du grand-duc. Vues de Livourne. Scènes militaires. Sujets religieux. Montjoie St-Denis. Principes de dessins, etc. 208 p. Sera divisé.

18 **Bellange**, *inv.* 4 costumes de femmes.

19 **Berghem** (N.). La Vache qui s'abreuve. B. 1.

20 — La Vache qui pisse. B. 2.

21 — Sujets d'animaux en hauteur. B. 8 à 11. Marge.

22 — Paysage avec des rochers. Cascade. Attribué.

23 **Bloemaert**. St-Jean prêchant et autre. 2 p.

24 — Les Eléments. 4 p. Belles ép.

25 — Paysage, baraques. 15 p.

26 — Son Portrait et Sujets religieux par Corneille, Bloemaert et Bolswert. 7 p. Pourra être divisé.

27 **Bloteling**. Portrait de F. Mieris. Sup. ép.

28 — Ex. Chasse au cerf. Sup. ép.

29 — d'ap. A. V. de Velde. Les Canons. Sup. ép. Très-rare.

30 **Boel** (C.). d'ap. Teniers. Paysans debout et assis. 5 p.

31 **Bolswert**. d'ap. Jordaens. Le Moine répond comme l'abbé chante (Concert de famille).

otlis .   20.

Drug 5 . r

32 Bonasone. Le Satyre, la Nymphe et l'Enfant près de la statue de Pan. Rognée.

33 Bosch (le baron de). d'ap. V. Vliet, Rembrandt et Palma. 7 p.

34 Breugel. Les Richesses font les larrons. Pièce curieuse. Combat des tirelires contre les bourses et les coffres-forts. Rare.

35 Brouwer (A.). Paysan qui dort avec sa cruche à la main; au fond, trois autres boivent et chantent. Très-rare.

36 — (d'ap.). Pynacker et Swanevelt. 3 p. fac-simile.

37 Bylaert. d'ap. Wouverman. Le Cheval qui pisse. Sup. fac-simile de dessin.

38 Callot. La Tour de Nesle. Le Louvre. Ep. avant l'adresse.

39 — La Chasse au cerf.

40 — Entrées et combat à la barrière. 8 p. Papier aux armes de Lorraine.

41 — Fantaisies. 13 p. Martyrs du Japon, Armoiries, St-Nicolas et autres. 40 pièces. Sera divisé.

42 — Variæ Conversationes. 24 p. d'ap. lui.

43 — Les Tours de Nesle, du Louvre, St-Sébastien, jeu de boules. 4 p. Copies.

44 Canot, d'ap. Pillement. L'Abreuvoir, etc. 3 p. Grande marge.

45 —   — 6 Vues des fermes d'Angleterre.

46 —   — The Pilgrim, et autres, titre. 6 p.

47 — d'ap. Berghem, Returning from Market. Marge.

48 Cats (J.). Paysages à l'eau-forte. 6 p. Rares.

49 **Château**, d'ap. N. Poussin. St-Paul enlevé jusqu'au troisième ciel.

50 **Chereau** (Ch. J.). Colbert, évêque de Montpellier.

51 **Claessens**, d'ap. J. Steen. Le Maître d'école, avant l. l. Marge.

52 — Aspettare. — Amante inconstante. **2 p.**

53 **Cock**. Ex. d'ap. Breugel. Patientia, pièce très-drolatique.

54 — Diogène, Elck.

55 — Marchand dévalisé par des singes.

56 — Intérieur de famille où l'on chante.

57 — Fides et autres sujets drolatiques. **5 p.**

58 **Danckerts**. Suite d'Animaux, d'ap. Berghem. 4 p.

59 — Autre suite plus petite. 4 p.

60 **Delfos**, d'ap. Ostade. Tête de paysan. Sup.

61 **Denis**. Retour de la pêche, et pendant. **2 p.** Bistre.

62 **Desplaces**. L'Annonciation, d'ap. Boulogne.

63 **Dietricy**. Temple de Vesta à Tivoli. Belle ép.

64 **Drevet**. Portrait de H. Rigaud, in-f°. Très-belle ép. Marge.

65 — Louis, comte de Sinzendorf, in-f°. Sup. ép.

66 — Guil. cardinal Dubois, d'ap. Rigaud. Sup. ép. in-f°. Grande marge.

67 — R. F. de Beauveau, in-f°. Très-belle ép.

68 — d'ap. Ant. Coypel. Minerve conduisant le jeune roi au Temple de Mémoire. Très-belle ép.

69 **Dupuis**. Portrait de Largillière, in-f°.

[illegible]

l'aperture 10

l'aperture 10

l'aperture 10

l'aperture 10

70 **Durer** (A.). En bois, Vierge à la pomme et Jésus entouré d'anges.

71 **Dusart** (C.). La ventouse; le Chirurgien. 2 p.

72 — Le Cordonnier renommé, B. 14.

73 **Earlom**, d'ap. Rembrand. Elie ressuscitant le Fils de la Veuve. Très-belle.

74 **Edelinck** (G.), d'ap. Le Brun. Le Christ en croix. R. D. 17 en 2 feuilles jointes.

75 — d'ap. Nanteuil. Etienne d'Aligre 2e, chancelier, grandeur nature. R. D. 178. Très-belle ép.

76 — Louis XIV. Grandeur nature. Thèse d'Aligre en 2 feuilles. R. D. 257. Très-belle ép.

77 — Louis XIV soutenu par la Religion qui plane sur le monde (Triomphe de l'Église), en 2 feuilles jointes. R. D. 258. 1er Etat. Très-belle ép.

78 — Louis XIV à cheval (Thèse de la Paix), en 2 feuilles jointes.

79 — Louis XIV vêtu à la Romaine, sur un nuage. Thèse de Colbert de Croissy, en 2 feuilles jointes.

80 — Christ en croix, cinq anges l'entourent, et au fond Jérusalem, en 3 feuilles jointes, avant toute lettre (Attribué).

81 **Elliot**, d'ap. Pillement. Entrée et sortie du bois. 2 p. très-belles. Grande marge.

82 **Ertinger**, d'ap. Le Pautre. Cabinetti ou dressoirs, Tabernacles, Chapelles, etc. 11 p.

83 — Ornemens, Frises, Architraves, Corniches, etc. 21 p.

84 **Falck**, d'ap. le Guerchin. Sémiramis, avant la lettre.

85 — Ste-Famille. Avant la lettre.

86 — Mariage de Ste-Catherine, d'ap. Véronèse. Avant la lettre.

87 — Dies, le Jour, d'ap. Sandrart.

88 **Fessard**, d'ap. Rembrandt. Les Ouvriers de la vigne.

89 **Fock** (H.). Suite de 12 petits paysages.

90 — Suite de 7 paysages avec titre.

91 — Suite de 7 plus grands avec titre.

92 — Suite de 6 plus grands.

93 — Paysages en hauteur. 2 p.

94 **Frey**, d'ap. le Guerchin. Ste-Pétronille. Très-belle.

95 **Gellée** (Claude Lorrain). La Fuite en Egypte. — R. D. 1.

96 — Le Naufrage. R. D. 7.

97 — Le Dessinateur. R. D. 9.

98 — La Danse sous les arbres. R. D. 10.

99 — Le Port de mer au fanal. R. D. 11.

100 — Scène de Brigands. R. D. 12.

101 — Le Temps, Apollon et les Saisons. R. D. 20.

102 — Le Berger et la Bergère conversant. 21.

103 — Le Pâtre et la Bergère. 25.

104 — Le Soleil couchant. R. D. 15. Belle ép.

105 **Godefroy**. d'ap. Claude. Le Retour des champs. Très-belle ép. Marge.

106 **Goltzius** (H.). Adoration des Bergers, des Mages. Ste-Famille et Circoncision, la pièce la plus importante de la suite des chefs-d'œuvre. 4 p.

107 — Théodore Frisius. B. 190 (le Chien de Goltzius).

108 — La Passion. 12 p. B. 27 à 30. Très-belles copies.

Olivier   31

Diog   7
d.   10
d   10
d   7
d.   7

109 — Les Apôtres. B. 43 à 56. 13 p.

110 — d'ap. Salviati. Les Noces de Cana. Très-grande p.

111 **Goyen** (Van). Le Bac et autres paysages. 2 p. à l'eau-forte.

112 **Granville**, d'ap. G. Poussin. Paysages. Rond, — 2 p.

113 **H. B.** Etudiants dans leur intérieur. 2 p.

114 **Haeften** (Attribué à). Intérieur de paysan.

115 **Haid**, d'ap. Piazetta. Les Apôtres. 13 p.

116 **Heudelot**. Le Rubis sur l'ongle. Sup. ép.

117 — d'ap. Molenaer. Récréation d'hiver.

118 **Hogarth**. Mariage à la mode. 6 p. Anciennes ép.

119 — First stage. — Second stage. — Reward of Cruelty. 3 p. Rares. Superbes.

120 **Hollar** (W.). Les Quatre Saisons. Dames à mi-corps. 4 p. Avec marge.

121 **Hooghe** (R. de). Mardi gras de coq-à-l'âne.

122 — Monarches tombants.

123 — Vues du château et parc du roy. 12 p.

124 **Houbraken**. Portrait du pape Adrien VI et son tombeau. 2 p. in f°.

125 — Plevier et Wesselius. 2 port. de théologiens.

126 **Hugtenburg** (J.). Les Pilleurs. B. 1.

127 — Les Janissaires B. 3. Belle ép.

128 — La Mère de deux enfants. B. 5. Belle ép.

129 — La Partie de chasse. B. 7.

130 — Le Prince Charles de Lorraine commandant la charge, non décrit par Bartsch.

131 — Marché de Chevaux. 8.

132 — Entrée dans une ville prise. 9.

Group 31

Seay 3.

Aug. 7

151 **Loggan.** Vues de Londres et de l'église S.-Paul,
avec le plan. Très-belle ép. Rare.

152 **Loir,** d'ap. Jouvenet. L'adoration des Mages.

153 **Lucas de Leyde.** Adoration des Mages. B.
37.

154 — Conversion de s. Paul. B. 107.

155 **Luiken** (J.). L'Édit de Nantes. Louis XIV. —
Les Réformés expulsés, et autres. 6 p.

156 **Machi** (d'ap.). Ruines de Colonnade, Temple, etc.
4 p.

157 **Malbeste**, d'ap. Teniers. Environs d'Anvers
(fête). Sup. ép.

158 **Maleuvre,** d'ap. Diétricy. Le satyre et le villageois. Sup. ép. Marge.

159 — Départ pour le sabat.

160 **Marcus,** d'ap. Cats. Le coup de vent. 2 p. très-
belles, dédiées à la reine Hortense.

161 — d'ap. Ostade. Les fumeurs. 2 p., avant la
lettre.

162 — d'ap. J. Steen. La leçon de musique, avant la
lettre.

163 — d'ap. Van Dyck et Molenaer. 2 p., avant la
lettre.

164 **Martini,** d'ap. Téniers. Lendemain de noces.
Sup. ép.

165 **Mason,** d'ap. Pillement. L'été, l'hiver. 2 p.

166 **Masson** (A.), d'ap. Lebrun. Le serpent d'ai-
rain. Très-belle p., rare, en 2 feuilles jointes.

168 **Matham.** Bacchus, Cérès, Vénus et Amours
des dieux. 6 p.

169 Mellan (Claude). Son portrait, in-4, par lui-même.

170 — Pierre Séguier. In-fol.

171 — De Villemonté. In-fol.

172 — Saint-Pierre Nolasque. Pièce la plus rare, et regardée comme le chef-d'œuvre du maître.

173 — Adam et Ève, le S.-Sacrement, sainte Catherine, s. Jean, s. Jérôme, s. Bernard, s. François, saintes familles. Christ au prétoire, en croix, etc. 66 p. Sera divisé.

174 Meulen (d'ap. Van Der). Calais et autres. 3 p.

175 Moyreau, d'ap. Wouvermans. Le départ et l'arrivée des chasseurs. 2 p., très-belles.

176 — Petite chasse à l'oiseau, marchand de foin. 2 p.

177 Nanteuil. F. Molé, abbé de Sainte-Croix. R. D. 195. Sup. ép. in-fol.

178 — J.-B. Colbert soutenu par des figures allégoriques; au fond, la galerie des Tuileries. Haut de Thèse. R. D. 173.

179 — d'ap. Lebrun. Louis XIV tenant le gouvernail. R. D. 154. Thèse, gravée par Rousselet, de deux feuilles.

180 — Aigle soutenant le portrait de Louis XIV. Thèse du cardinal de Bouillon, en 2 feuilles. Belle ép., avant les changements. R. D. 158.

181 — Michel Le Tellier. Galliarum cancellarius. Buste comme nature, presque de face, dirigé à gauche, dans une bordure ovale de feuille de chêne posée sur un champ de fleurs de lis. Dans les angles du bas, la masse et des branches de lauriers.

R 4

Chaises 30

Thèse d'Étienne Landais ; sur l'ovale : *Nanteuil ad vivum*, — *cum privil. Regis.* En **2** feuilles jointes, non décrit par R. Duménil ; peut être le premier état du n° 137. Très-belle ép.

182 **Née**, d'ap. Diétricy. Environs de Dresde.

183 **Neefs**, d'ap. Jordaens. Le satyre et le paysan.

184 **Nether**, d'ap. Norblin. Très-petites têtes. A l'eau forte. 21 p.

185 **Nolin.** Armoirial du roy. Ducs et pairs de France, d'ap. Cheneau ; vol. de **184** pl., chez Berey, br. en parchemin. Tables imprimées.

186 **Nolpe** (P.). Augustus. Batailles, avec les portraits de Turenne et Montécuculli, aux coins du haut. Belle p. historique.

187 — Le Printemps, l'Été, l'Automne. 3 p., d'ap. Paul Potter.

188 — Paysans qui dansent. 4 p.

189 — d'ap. Potter. Le bord de la mer, avant la lettre.

190 **Noter** (de). Chevaux et paysages, à l'eau-forte. 5 p.

191 **Os** (P.-G. Van). Son œuvre. **23** p. d'animaux avec portr. Ces pièces n'ont pas été publiées.

192 **Ostade** (A.). L'homme appuyé sur le bas de sa porte. B. 9.

193 — Les fumeurs. B. 13.

194 — Le coup de couteau. B. 18.

195 — La chanteuse. B. 30.

196 — Le trictrac. B. 39.

197 — Les deux commères. B. 40.

198 — Joueur de violon, bossu. B. 44.

199 — La fête sous le grand arbre. 2 ép. B. 48.

200 — Le bal des paysans. B. 49.
Ces pièces sont toutes anciennes ép.

201 — (d'ap.). Intérieur de chaumière.

202 **Pasqualino**. Résurrection de Lazare, d'ap. Guerchin.

203 **Pelletier**, d'ap. Ostade. Plaisirs des buveurs. Belle ép.

204 — d'ap. Wouvermans. Les dames allant à la chasse. Très-belle ép. Marge.

205 — La même, avant la lettre. Sup. ép. Marge.

206 **Perelle**. Paysages et port de mer. 6 p. Sup. ép. Marges.

207 — Les saisons et autres paysages, ronds. 20 p.

208 **Picart** (B.). La fortune des Actions. Pièce curieuse sur le système de Law. Ép. grande marge.

209 — Concert dans un parc. Charmante composition avec jolis costumes. Très-belle ép.

210 — Le jeu de pied de bœuf et de l'ombre. 2 charmantes compositions avec costumes. Sup. ép. Marge.

211 — Cérémonies des Juifs. 3 p.

212 — d'ap. Santerre. Deux femmes. Manière noire.

213 — d'ap. Coypel. Leda et autre. 2 p.

214 — d'ap. Lebrun. Les plafonds, et contre-épreuves. 4 p. Sup.

215 — d'ap. Rigault. Portrait de Philippe-Louis. S. R. I. Thesaurario hereditario comiti a Sinzendorf. Magnifique ép., in-fol.

216 **Picart** le Romain (Étienne). Figures allégoriques entourant un cadre ovale pour un portrait. Grand in-fol.

217 — Jésus-Christ, portant sa croix, apparaît à saint Pierre. Grand in-fol.

218 — d'ap. Mola. S. Jean annonçant le Messie. Grand in-fol.

219 — d'ap. Guide. Naissance de la Vierge. Grand in-fol.

220 — d'ap. Guide et Coypel. 2. Vierges et Jésus. In-fol.

221 — Naissance de la Vierge, Transfiguration, saint Pierre et saint Paul. 3 p.

222 — d'ap. Lebrun. S. Jean dans l'île de Patmos.

223 — d'ap. Paillet. Jésus-Christ assis (Verbum).

224 — Portrait de Catherine de Boiseon. In-4.

225 — L. du Bovexic-de-la-Chapelle. In-fol.

226 — F. de Braque, intend. de la duchesse d'Orléans.

227 — Cl. de Briou, présid. de la cour des aides.

228 — N. Choart de Buzenval, évêque, et Pavillon. 2 p. Très-belles ép.

229 — J.-Michel Cigala, aventurier. Sup. ép. Marge.

230 — Nicolas Colbert, évêque de Luçon.

231 — J. le Cornier, seigneur de Sainte-Hélène. Sup. ép.

232 — L.-God. comte d'Estrades.

233 — H. de Fourcy, de Chessy.

234 — André du Hameau, pasteur.

235 — Bernard de la Guiche, comte de S.-Géran, et de La Palisse.

236 — N. de Lamoignon-Basville. Très-belle ép. Marge.

237 — A.-Ch. de La Porte, duc de Mazarin.

238 — Michel de Loy, professeur de droit, né à Caen. Sup. ép.

239 — J.-Ant. du Loir, chev. de Martainville.

240 — Fr. Mauriceau, chirurgien. In-4. — Tavernier ? 2 p.

241 — Mézerai, historien. In-4, d'ap. Paillet. Magnifique ép., avant les noms des artistes. Grande marge. Rare.

242 — Mme de Montespan. In-fol.

243 — Camille de Neuville, archevêque de Lyon.

244 — Denis de Palluau, conseiller.

245 — Nicolas de Paris.

246 — J. de Ponssemothe-de-l'Estoile.

247 — Duc de Rohan-Chabot.

248 — H. Serroni, évêque d'Orange.

249 — F. Tallemant, abbé de Valchrétien.

250 — Lucas Waddingus. In-4, *P. Mariette*. 1668.

251 — Valentina (sœur). — Gaspar Bon, minimes. 2 p.

252 — Électeur, avec trois armoiries.

253 — Jeune abbé, anonyme.

254 **Pitteri.** Portrait de dame, avec rose à son chapeau, avant la lettre.

255 — d'ap. Piazzetta. Tête d'homme et femme. 2 p.

256 — Cignaroli, Nogari, Piazzetta, etc. 4 peintres.

257 — Albrizi, Contareno, Goldoni. 3 portr.

258 — Vierge et Jésus. 2 p.

259 **Plonski.** 14 p., à l'eau-forte, de son œuvre.

Creux 12

Margin 4.

Duval 5

Duval 5

Duval 5

Duval 5

M.G.   9   Drug   25

260 **Ploos Van Amstel**, d'ap. Avercamp. L'hiver, avec seigneurs et dames en costumes pittoresques. Couleur.

261 — d'ap. Rembrandt. L'homme appuyé sur le bas de sa porte. En couleur.

262 — d'ap. V. de Velde. Le troupeau près de l'eau.

263 — d'ap. Berghem. La femme sur le mulet.

    Ces 4 p. sont de magnifiques fac simile de dessin.

264 **Poilly.** Conclusions de la philosophie universelle. Allégorie, avec Louis XIV, d'ap. Lebrun, en deux feuilles. Belle ép.

265 — Le Temps présentant le portrait de Louis XIV à la Muse de l'histoire. Thèse, en 2 feuilles, d'Hardouin de Péréfixe.

266 — d'ap. Mignard. J.-B. Colbert, entouré de fig. allégoriques. Thèse en 2 feuilles.

267 — Les plafonds de Saint-Cloud. 3 p., d'ap. Mignard. Sup. ép.

268 **Poorten.** Son œuvre. Paysages et animaux. 25 p. Rares.

269 **Potter** (P.). Différents bœufs et vaches. B. 1 à 8. — 8 p., avec marge.

270 — Les chevaux. 6 p. de Visscher.

271 **Punt** (J.). Le cocher anglais. Belle ép.

272 **Rembrandt.** La descente de croix. B. 81. Sans adresse.

273 **Rogman** (G.). Scènes de femmes à l'ouvrage. 5 p. Complet. Rare.

274 **Rossettus**, d'ap. Tintoret. Ambassade de Ve-
nise, présentée à Barberousse.

275 **Sadeler**. Le Christ à l'éponge.

276 — L'Ascension de la Vierge.

277 **Saenredam**. Les Divinités des sept planètes. B.
72 à 79.

278 — d'ap. Bloemaert. 3 p. Histoire d'Adam.

279 **Sallieth**, d'ap. Langendyk. La gloire des Hollandais sur la rivière, à Londres.

280 — La gloire du prince Maurice, à Nieuwpoort,
contre les Espagnols.

281 **Schenk**, d'ap. Teniers. Le corps-de-garde des
singes, l'on amène un chat vagabond.

282 **Schmetterling** (Élisabetha), d'ap. Terburg et
autres. 5 sujets différents, avant la lettre.

283 **Schuppen** (Van). J.-B. Colbert, posé sur une
draperie que soutient Minerve. Thèse en 2 feuilles
jointes. Très-belle.

284 **Schwegman**. Son œuvre de paysages, à l'eau-
forte. 12 p.

285 **Serne** (A.). Paysages. 4 p. à l'eau-forte.

286 **Smith** (J.), d'ap. Kneller. Mme d'Avenant. —
Mrs. Carter. — Mrs. Yarborough. 3. p.; manière
noire.

287 **Sompel** (P.), d'ap. Soutman. Portrait de Ferdi-
nand III, roi de Hongrie, Bohême, etc.

288 **Spier** (F.) de Lorraine. Allégorie d'Hercule prenant les pommes aux Hespérides, à la mémoire
d'Alexandre VII, pape. Immense pièce, en quatre
feuilles.

Varin 15

Zīmy 5

Vismes 25

Vismes 10
Drugg 5

289 **Suyderhoef**, d'ap. Ostade. Le coup de couteau.

290 — Les joueurs de tric-trac.

291 — Le joueur de violon, Jan de Mof.

292 — Le buveur et le fumeur.

293 — Les trois vieilles buveuses, dites les Trois-Parques. Ép. avant les angles ombrés autour de l'ovale.

294 — d'ap. Berghem. Le troupeau en marche.

295 — Buveur offrant à boire à une femme.

296 **Tardieu**, d'ap. Téniers. Le bon fumeur. Très-belle.

297 **Teniers** (D.). 4 sujets de singes.

298 **Thomassin**, d'ap. de Boullongne. Minerve soutenant le portrait de Louis XIV qui domine les Arts.

299 — Statue équestre de Louis XIV, commandée à Coysevox par les États de Bretagne.

300 **Valck**. Orgie de soldats et de femmes.

301 — Florentius Costerus. In-8. Très-belle ép.

302 **Vallet** (G.). Hac itur ad astra. Minerve au milieu de fig. allégoriques, en 2 feuilles jointes.

303 **Velde** (J.-V.). Les douze mois de l'année. Sup. ép.

304 — Les saisons. 4 p., sup. ép.

305 **Verkolje**. Intérieur, avec scène des effets du vin et de l'amour. Belle p., en manière noire.

306 — d'ap. Ochter Velt. Page présentant un verre à une jeune fille qui verse de l'eau par la fenêtre.

307 **Vermeulen**. Louis XIV, à mi-corps, cuirassé, tenant le bâton; au fond, un siége. Belle. Sans marge.

308 **Villamena**. La descente de croix. Belle ép.

309 **Vinne** (J.-V.). Paysage, avec fontaine et chasseurs. Rare. Grande marge.

310 — Vue sur le Spare. Grande marge. Rare.

311 **Visscher** (C.). La fricasseuse.

312 — La bohémienne, avant l'adresse.

313 — d'ap. de Laar. Chevaux dans l'écurie.

314 — d'ap. Ostade. Tabagie : deux hommes et une femme.

315 — Buste de femme, la main sur la poitrine.

316 — Portrait de Vondel, célèbre poëte hollandais.

317 — Deux buveurs : tabagie.

318 **Visscher** (C.-J.). La maison Gennip et autres, historique. 6 sujets sur une feuille. Rare.

319 — Schencken-Schans et autres. 5 sujets sur une feuille. Rare.

320 **Visscher** (J.), d'ap. Berghem. Le bal de paysans.

321 — d'ap. Ostade. Le tâtonneur.

322 — Les joueurs de tric-trac devant l'auberge.

323 — La famille ou la fileuse.

324 — d'ap. Berghem. L'aumône.

325 — Le pâtre jouant de la cornemuse, et la femme trait une brebis.

326 **Visser Bender**. Ruine de Rapenburg, à Leiden. Belle ép., toute marge.

327 — L'Allée du Bois de Harlem.

Siciy 75

[illegible] 5

Long 5

M d. Goncourt. 7. 50

Dobi   20

328 — d'ap. Cats. L'Été et l'Hiver. 2 p., avant la lettre.

329 **Volpato.** Primavera. — Inverno. 2 paysages avec fig.

330 **Weisbrood**, d'ap. Berghem. La Pleine vendange.

331 **White**, d'ap. Berghem. Repos de la villageoise.

332 — La même avant la lettre. Sup. ép., marge.

333 **Wilson**, d'ap. le Guaspre. Paysage capital, avant la lettre.

334 **Woolett.** Céladon et Amélie. Ép. vernie.

335 **Zeelander**, d'ap. Brondgeest. L'Été et l'Hiver, avant la lettre. 2 p.

336 — Les mêmes. Ép. d'eau-forte.

337 Pitture del salone imperiale del Palazzo di Firenze. 26 pl. in-fol. Florence, 1751.

ÉCOLE FRANÇAISE XVIIIᴱ SIÈCLE

ŒUVRE DE WATTEAU

ET AUTRES MAITRES DE L'ÉPOQUE

338 **Balechou.** La Naissance, d'ap. d'André Bardon. Très-belle ép., marge.

339 **Baudouin** (d'ap.). La Nuit, par de Ghendt. Très-belle ép., grande marge.

340 — Le Danger du tête-à-tête, par Simonet. Belle ép., grande marge.

341 **Baudouin** (d'ap.). La Soirée des Tuileries, par Simonet. Très-belle ép., grande marge.

342 — Les Soins tardifs, par De Launay. Magnifique ép. avec le cartouche blanc, grande marge.

343 — Le Carquois épuisé, par De Launay. Magnifique ép. de la plus grande vigueur et du plus bel état, avec le cartouche blanc, grande marge.

344 — Les Amours villageois (deux jeunes filles regardant des pigeons), par Choffard.

345 — La Fille grondée par sa mère, par Choffard.

346 **Beauvarlet**, d'ap. Drouais fils. Les Enfants du duc de Choiseul, jouant avec un carlin. Sup. ép., marge.

347 — d'ap. L. Giordano. Acis et Galathée. Très-belle ép.

348 **Benazeth**, d'ap. J. Vernet. La Mer calme.

349 **Boilly** (d'ap.). Marche incroyable. Grande et belle pièce gravée par Bonnefoy; superbe ép.; rare; jolis costumes

350 **Boucher** (d'ap.). L'Abreuvoir d'oiseau, par Chedel. Superbe ép., marge.

351 — Jupiter et Léda, par Ryland. Très-belle ép., marge.

352 — Les Amours en gaîté, par Daullé. Très-belle ép., marge.

353 — Le Trait dangereux, par Poletnich. Sup. ép., marge.

354 **Brichet**. Caricatures parisiennes (1784), d'ap. de Gorz. 42 p., très-rares, en un volume.

355 **Cars**, d'ap. Lemoine. Louis XV donnant la paix, entouré de figures allégoriques, d'ap. Lemoine.

Dobré 23

Dobré 30

M. de Goncour 33. Dobre 45

Dobre 30   Creusa 30   Laperlis 10

Dobre 33   " 30   Laperlis 10

Dobre 30   " 30   Laperlus 10

Dobre 34   " 30   Laperlus 10

              " 30   Laperlis 10

Crillon 10
Crillon 10

Duval 5

Dreny 6

356 **Chardin** (d'ap.). La Fontaine, par Cochin. Magnifique ép., toute marge.

357 — La Blanchisseuse, par Cochin. Magnifique ép., toute marge.

358 — Le Château de Cartes, par Fillœul. Magnifique ép., toute marge.

359 — Dame prenant son thé, par Fillœul. Magnifique ép., toute marge.

360 — La Gouvernante, par Lépicié. Magnifique ép., toute marge.

361 **Coquart** (A.). 1712. Vue du Château et des Jardins de Versailles, en 6 feuilles non jointes. Très-rare.

362 **Coypel** (d'ap. Ch.). La Jeunesse sous les habillements de la décrépitude, par Lépicié. Superbe ép., grande marge.

363 **Crespy**. Portrait de Watteau. 1er état. Grande marge.

364 **Darcis**. Les merveilleuses. Grande marge.

365 — Les Incroyables. Grande marge.
Ces deux pièces d'après C. Vernet sont des costumes pittoresques de l'époque.

366 **Daullé**, d'ap. J. Vernet. Le Pèlerinage.

367 **Demarteau**, d'ap. Van Dyck. Portrait de Cachiopin. *Fac-simile*.

368 **Duflos** (chez) et Diacre. 15 petits sujets gracieux : la Vue, Flore, Léda, Danaé, la Musique, etc.

369 **Fokke** (S.). Les Fêtes et l'Arrivée du prince et princesse d'Orange à Amsterdam en 1768. 13 p.

370 **Greuze** (d'ap.). Ne l'éveille pas. Très-belle ép., par Cars et Jardinier, marge.

371 **Jeaurat** (d'ap.). L'Accouchée, par Lépicié. Superbe ép., marge.

372 **Joullain**. Portrait de Desportes en chasseur, en pied, d'ap. lui-même, avant toute lettre.

373 **Lancret** (d'ap.). Repas italien, pièce capitale du maître, gravé par Le Bas. Très-belle ép.

374 **Lavereince** (d'ap.). Le Billet doux, par De Launay. Magnifique ép. d'une des plus belles compositions pour la richesse des costumes et ameublement. Grande marge.

375 **Lépicié**, d'ap. Jeaurat. La Terre et l'Eau, 2 p. Très-belles ép., grande marge.

376 **Le Prince**. Les Bateaux russes, etc. 4 p., en bistre.

377 **Le Vasseur**, d'ap. Casanova. La Vie rurale.

378 **Melini**, d'ap. Drouais. Les Enfants du roy de Sardaigne jouant avec une marmotte. Sup. ép., marge.

379 **Moreau**, le jeune. Tombeau de J.-J. Rousseau à Ermenonville. Très-belle ép., grande marge.

380 **Oudry**. Le Roman comique de Scarron. 26 p. in-fol., superbes ép., grandes marges.

381 **Pater** (d'ap.). L'Orchestre de village, par Ravenet. Superbe ép., marge.

382 **Rigaud**. Vues de Versailles, Trianon et St-Cyr. 12 p., anciennes et superbes ép., toute marge avec, chez l'auteur. Rares

383 — Château de Fontainebleau. 6 p. idem.

384 — Château de Chantilly. 6 p. idem.

385 — Château de Saint-Cloud (1730). 4 p. idem.

386 — Château de Marly. 5 p. idem.

Ménagin 7.

Dobié   23

50

Dobié 132

Degout   20   Dobié   66
               Dobre   66
               Dob.   44
               Sobe   55

M. G. 5.   Brüg 5

Dobra 9,   Visma 10

387 — Château de Choisy, 2. — Saint-Germain-en-Laye, 1, — et Marseille, 2. — En tout 5 p.

La plupart de ces magnifiques épreuves sont encore en cahier de publication, très-rares à trouver dans cet état.

388 **Schley** (J.), 1753. Goblet à couvercle. Style rocaille avec quatre cartouches renfermant chacun un groupe d'enfants. 2 p., très-rares.

389 **Troost** (d'ap.). Corps de garde d'officiers hollandais. Superbe ép. avant toute lettre, marge.

390 — Le Capitaine Ulric. Superbe ép. avant toute lettre, toute marge.

391 — Arlequin barbier-magicien. Sup. ép. avant toute lettre.

392 — Le Renvoi de R. Adrianus, manière noire, avant toute lettre. Très-belle ép. avec des retouches de blanc, marge.

393 **Vernet** (d'ap. J.). L'Orage, les Pêcheurs. 4 p.

394 **Vinkeles**, d'ap. Hobbema, beau paysage avec chariot, figures. Sup. ép. avant la lettre.

395 — d'ap. Wouvermans. L'Abreuvoir.

396 — Guillaume V. — Fréd.-Sophie, princesse d'Orange. 2 portraits équestre avant la lettre, marge.

397 — Fête de l'Alliance et de la Liberté, 1795. 2 pièces historiques, avant la lettre.

398 — Salle de concert de la Société Félix Meritus.

399 — Salle de physique de Félix Meritus.

400 — Auditoire de la Société.

401 — Salle de dessin dans l'édifice de la Société.

Ces pièces sont remplies de charmants costumes de **1791** à **1800**.

402 — Les Inondations en 1809 en Hollande, avec les assistances de Napoléon. 8 p., complet.

403 **Watteau** (Antoine). Son OEuvre, composé de 624 p., gravé par les soins de M. de Julienne, fixé à cent exemplaires des premières épreuves, imprimés sur grand papier en quatre parties grand in-fol. et fol. ordinaire, en feuilles, les marges vierges, avec texte et titre. Très-rare à trouver dans cette condition.

404 **Watteau** (d'ap.). Louis XIV mettant le Cordon bleu à M. de Bourgogne. Très-belle épr., par Larmessin.

405 — La Diseuse d'aventure, par Cars. Sup. ép., grande marge.

406 — Escorte d'équipages, par Cars. Sup. ép., grande marge.

407 — Retour de campagne, par Cochin.

408 **Wit** (J. de). Les Arts, l'Air, l'Automne, 3 groupes d'enfants.

PIÈCES GRAVÉES EN COULEUR

409 **Alix.** Diderot. — Mirabeau. — J.-J. Rousseau, 3 portraits, ovales, en couleur.

410 **Allais** (Angélique Briceau, femme), 1791. Portrait de Mirabeau, gravé en couleur. Très-belle ép.

411 **Anonyme.** A Bachante, manière noire anglaise imp. en couleur.

412 **Boilly** (d'ap.). L'Optique, par Cazenave. Très-belle ép., en couleur.

M. G. 6.   page 16.

413 **Bonnefoy**. La Confidence, d'ap. Boucher, en couleur.

414 **Cardon**. Vénus et Cupidon. 2 p. en couleur.

415 **Debucourt**, 1792. La Promenade publique, pièce capitale et des plus importante, pour la réunion et la diversité des costumes de l'époque; en couleur.

416 **Demarteau**. Têtes d'études, sanguine. Niobé, etc. 4 p.

417 **Gaugain**. Courtship. — Matrimony. 2 p. en couleur, d'ap. Milbourn.

418 **Janinet**. Ruines romaines. 2 p. en couleur.

419 **Le Cœur**. Bal de la Bastille (Ici l'on danse), d'ap. Swebach-Desfontaine; l'on reconnaît Bailly et Lafayette. Superbe ép. en couleur, grande marge.

420 **Marin**. Jeune fille tenant un bouquet de roses.

421 — Jeune dame prenant son café.
Ces deux pièces en couleur ont des entourages dorés.

422 **Ruotte**. Bouquetière des Indes, Fille mulâtre de la Barbade, Natifs libres de Dominique, 3 p. en coulenr.

423 **Schwegman**. Château d'Elsvood, près Harlem. 4 p. à l'eau-forte et coloriées.

424 **Wysman**, d'ap. J. Steen. Carnaval hollandais, avant et avec la lettre, en couleur. 2 p.

DESSINS

1 AARTMAN. Paysages, 2 l'hiver et 2 l'été. 4 Aquarelles.

2 ALBANO. Conception de la Vierge entourée d'anges, à l'encre de Chine.

3 ANDRIESSEN. La Lecture. — La Musique, dames à mi-corps, crayon rehaussé de blanc. 2 dessins.

4 ANDRIESSEN (C.), d'ap. P. de Hoogh. Intérieur. Enfant entrant vers une femme qui balaye. Aquarelle.

5 ANDRIESSEN (J.). Préparatifs pour une fête près d'un temple. Superbe aquarelle d'une très-riche composition.

6 — Fête au dieu Pan. Superbe aquarelle. Pendant.

7 ANONYMES. Différents sujets. 6 dessins.

8 — Sujets religieux. 6 dessins.

9 ASSELYN (J.). Bâtiments italiens, à l'encre de Chine.

10 AVERKAMP. Scène d'hiver, Enfants jouant au traîneau, boule de neige, etc. Aquarelle.

11 — Ancienne Tour près une rivière marécageuse. Aquarelle.

12 — Etude de pêcheur. Aquarelle.

13 AVERCAMP (H.). Jeune Dame jouant de la guitare ; au fond, une armée en marche vers une ville. Aquarelle.

14 — Joueurs de boules et pêcheurs sur une rivière glacée. Aquarelle.

15 — Etudes de Figures. 2 aquarelles.

16 BAILLY (D.), 1625. Portrait de l'artiste, à la plume, très-fini.

17 BAKHUYZEN (L.). Mer calme avec bateau et vaisseau à voiles, pêcheur sur le bord, très-capital, à l'encre de Chine.

18 — Marine avec vaisseau et canots, à l'encre.

19 BAKHUYZEN (V.-D. Sande). Vaches près d'une ruine. Aquarelle.

20 BAKKER (A.). Deux jeunes villageoises consultent une vieille, superbe effet, intérieur de chambre avec accessoires, bistre.

21 BARBIERS (P.). Intérieur de forêt avec de gros arbres, capital, à l'encre, sur papier de Chine.

22 — Paysage, capital, avec ruines, pont, cascade, chaumière, figures. Aquarelle.

23 — Vue de Kraantje-Lek, crayon noir.

24 BAROCHE. Jésus-Christ portant sa croix, bistre.

25 BAUDUIN. Paysage de style, capital, sanguine.

26 BEERESTRATEN. Eglise et village de Dousbruggen, en 1656. 2 aquarelles.

27 BEHAM (H.). Seigneurs et dames à table, buvant, à la plume et encre, genre de Holbein.

28 BERGE (D.-V.). Chariot attelé de deux bœufs qui passent un gué, bestiaux et figures sur le bord, composition capitale, au crayon.

29 BERGEN (D.). Bestiaux couchés et debout près d'un vase antique. Aquarelle, très-rare.

30 — Bergère dans un chariot traîné par deux bœufs, bestiaux qui suivent. Pendant du précédent.

31 BERGHEM (N.). Femme sur un âne et berger
conduisant leurs bestiaux, croquis au crayon.

32 — Annonciation aux Bergers, croquis au crayon.

33 — Ruines du château de Brederode, à la sanguine.
2 p.

34 — Etudes de cavaliers, aux crayons noir et blanc.
2 p,

35 — Femme qui trait des brebis près d'une chaumière, au crayon.

36 — Mulet chargé, ruant, à la sanguine.

37 — Les Filles d'Aglaure découvrant la corbeille,
crayon.

38 BERKHEYDE (J.). Etudes de femme, sanguine.
2 p.

39 — Jeune homme assis, vu de dos, sanguine.

40 BEYER (J. de). Vieillard et la servante à la porte
de l'auberge. — Remouleur et la bonne à la porte
de la maison. 2 aquarelles.

41 — Village Abtcoude, près la rivière. Aquarelle.

42 — Château de Leeuwenburg. Sup. aquarelle.

43 BISSCHOP (J.). Paysage avec ancien château,
bistre.

44 — Paysages en Italie. 2 p. au bistre.

45 BLIECK, 1653. Etudes de figures très-finies,
crayon. 2 p.

46 BLOEMAERT (A.). Chaumières. Aquarelle double.

47 — Anciens bâtiments. Aquarelle, rare.

48 BLOMME (P.). Jeune homme dormant. Aquarelle.

49 BLYCK. Port dans une ville, avec chaloupe à voiles.
Aquarelle vigoureuse.

50 BOISSIEU. Hôtellerie en Italie, à l'encre de Chine.

la recherche   30 à 40

51 BOLL (F.). Sainte Famille, Joseph chauffe les
langes, au bistre.

52 BOLSWERT, d'ap. Rubens. Etudes de têtes, au
crayon. 2 p.

53 BORSUM. Chaumières. Aquarelle, fort rare.

54 BORSUM (A.). Moulin et champ de blé. Aquarelle.

55 — Restes et tour du château d'Abcoude, sanguine
et encre.

56 BOSSE (A.), 1647. Portrait de Nanteüil, crayon
très-fini, d'une grande rareté, avec signature, sur
vélin.

57 BOTH (A.). Pont rustique, plein de soleil, à l'encre.

58 — Le Peintre. — La Bonne aventure. 2 p.

59 BOUCHER. Tête de jeune fille, aux trois crayons.
2 dessins.

60 BOUT (P.). La Famille à l'écurie, et homme à cheval, à l'encre.

61 BRANDT (A.-J.). Riche composition de fleurs
sur une table de marbre. Aquarelle.

62 BRAY (J. de). Chantiers de construction de na-
vires. 2 p. à la plume.

63 BREEMBERG (B.). Ancienne ruine pleine de soleil, avec figures, au bistre.

64 BREUGEL (J.). Village près une rivière, à la plume.

65 BREUGEL (P.). La récolte du miel, à la plume.

66 — Groupe de figures, études pour tableau, à la
plume.

67 BRONKHORST. Différents papillons, Aquarelle
très-fine.

68 BRUSSEL. Chasseur qui va boire de la bière en
se reposant. Intérieur. Aquarelle de cinq figures.

69 BRUSSEL (H.). Belle ruine, bestiaux, rivière, grande étendue. Aquarelle finie.

70 — Militaires et autres figures à la porte d'une brasserie. Aquarelle pleine de soleil.

71 CABEL (V.-D.). Paysage montagneux, figures; au fond, un Village. Lavé à l'encre.

72 CARRACHE. Homme assis, dormant. Crayon.

73 CARRE (M.). Bestiaux près d'une statue, bistre.

74 — Berger et bestiaux à l'abreuvoir. Bistre.

75 CATS (J.). Berger gardant son troupeau, riche paysage de grande étendue, au bistre, très-beau.

76 — Champ de blé, berger et autres figures. Pendant du précédant.

77 — Le Passage du Bac. Superbe aquarelle, très-finie.

78 — Le Passage du gué. Pendant du précédent.

79 — La Moisson. Superbe aquarelle très-finie.

80 — L'Orage, à l'encre de Chine, très-terminé.

81 — Le Faucheur; au fond un village, à l'encre, très-beau.

82 CHALON (C.). Femme et enfants. 2 aquarelles.

83 — Homme portant un enfant. — Femme tenant un enfant en lisière. 2 aquarelles.

84 COK, d'après van Bergen. Bœufs qui se lèchent, à l'encre et au bistre.

85 COOPS (P.). Tempête, vaisseaux, barques de pêcheurs, à l'encre de Chine.

86 COUWENBERG. Paysages étendus, avec bestiaux, Figures. 2 aquarelles capitales.

87 CUYP (A.). Ruine, sanguine et encre.

88 — Pont-levis, figures, vaches, etc., à l'encre.

89 DALENS (D.). Anciens bâtiments, à l'encre de
Chine.

90 DENNER (J.). Très-petit profil de vieillard, mine
de plomb et sanguine, très-fini, sur vélin.

91 DESFRICHES. Moulin à eau, figures dans un bateau, crayon et encre.

92 DIEPENBEEK. La Vierge au Rosaire, plume, lavé.

93 DiETZ (J.-C.). Paysage, avec cavaliers, voyageurs,
au crayon et encre.

94 DOES (J.-V. der). Bestiaux dans un bois, plein de
soleil, bistre.

95 DOOMER. Vue près de Saumur, en bistre.

96 DOOMER (J.). Vue du Rhin près Andernach, au
bistre.

97 DOUW (G.). Vieillard taillant sa plume, crayon
noir.

98 — Ermite réfléchissant devant un livre, crayon
noir et blanc.

99 DREIBHOLTZ (C.-L.-W.). Rivage, avec pêcheurs
et bateaux à voiles, bel effet, à l'encre.

100 — Marine calme, avec chaloupes à voiles, près
d'une jetée où se trouve un moulin. Aquarelle.

101 DRIELST (C. V.). Paysage en Drenthe, genre
d'Hobbéma. A l'encre de Chine.

102 DRIELST (E.). Village vu l'hiver, homme à cheval, enfant sur un traîneau. Belle aquarelle.

103 — Paysage, chaumière, champ de blé. Aquarelle
très-fine.

104 — Paysage en Drenthe, crayon et encre.

105 DULIGNON, d'ap. Wynants et A. V. de Velde.
Superbe paysage. Aquarelle.

106 DUPRÉ (D.). La Porte de Sarragosse à Bologne. Aquarelle.

107 — La même, différent côté. Pendant.

108 DUSART. Joueur de violon assis. Aquarelle.

109 DUSART (C.), d'ap. Ostade. Homme et femme prêts à boire en mangeant des gauffres. Aquarelle sur vélin.

110 — Têtes de paysans. Deux aquarelles.

111 DYCK (A. V.). Tête de cheval. Crayon noir.

112 — Portrait d'un prince, la main sur son casque. A la plume.

113 ECKHOUT (G.). Paysans chez un patriarche assis avec les scribes, intérieur de maison gothique. A la plume.

114 EECKHOUDT. Maison de malades, près Amsterdam. Aquarelle, fort rare.

115 ERKELENS. Passage du bac. Aquarelle.

116 ESSELENS. Vue d'un parc près de l'intérieur d'une grotte. A la plume, lavé.

117 — et MOUCHERON. Paysage avec ruine. Aquarelle, rare.

118 ESSELENS (J.). Montagne boisée ; au fond, rivière. A la plume, bistre.

119 EVERDINGEN (A.). Hiver, avec patineurs, moulin. Aquarelle.

120 — Vue des dunes à Harlem. Crayon, lavé, très-fini.

121 — Chaloupe à voile sur la mer très-agitée. A l'encre.

122 — Les Saisons, 4. Très-petits paysages à l'encre.

[illegible]

[illegible]

Duval 8
d: belle qualité

123 — Hiver, avec chaumière, patineurs. Petite aquarelle.

124 FARGUE (C. La). Bestiaux sur une prairie, près de l'eau. Aquarelle.

125 — Vue près de Ryswyk. Aquarelle pleine de nature.

126 FRAGONARD. Statue de fontaine et bassin dans une avenue de peupliers dans un parc. Figures dans les joncs, au bistre.

127 FREY (A.), d'ap. Van Vliet. Intérieur d'église protestante. Superbe aquarelle.

128 GAAL (B.). Combat de cavaliers. A la plume, lavé très-spirituellement. Deux dessins.

129 GHEYN. Études de figures, à la plume. 2 p.

130 GHYN (J. de). Patriarche assis tenant un gobelet. A la plume.

131 GOLTZIUS. Tête de séraphin. Crayons noir et rouge.

132 GOLTZIUS (H.). Vierge et Jésus à mi-corps dans un croissant. Crayons noir et rouge, superbe qualité.

133 GOUBLE (S.). Paysan debout tenant un verre de bière. Aquarelle.

134 GOYEN (J.-V.), 1644. Port de rivière, avec bateaux. Crayon et lavé.

135 — Nombre de figures, marché. Crayon.

136 — 1647. Rivage avec beaucoup de figures. Crayon et lavé.

137 — Chaumières et figures. Crayon et lavé.

138 GRANDJEAN (J.). Fête de Bacchus. Riche composition; danse, Bacchantes, etc. Très-belle aquarelle.

139 GRAVE (J. de). Passage du bac ; sur l'autre rive, monuments anciens. A l'encre.

140 GRAVE (J.), 1672. Vue de la ville de Hertogenbosch. Aquarelle finie, très-rare.

141 GRAVE (J.-E.). Vue du Brouerskolk, près Overveen. Riche paysage. A l'encre.

142 — Vue aux environs de Harlem. Très-fini. Bistre.

143 — Ruine de Brederode. A l'encre.

144 — Maison de campagne, près du Gheyn. A l'encre.

145 — Paysage avec chaumière et figures. A l'encre.

146 GREUZE (J.-B.). Le Porteur courtisant la marchande de poisson. Très-beau dessin à l'encre et bistre ; les personnages ont été gravés séparément. Collection Hoofman.

147 GRIENT (C. de), 1774. Marines calme et agitée. Riches compositions. Deux aquarelles très-fines.

148 GROENEWEGEN. Mer avec vaisseaux de guerre, yacht et autres. Aquarelle capitale.

149 GRONLBELT, genre Cuyp. Différents bateaux à voile sur un rivage. A l'encre de Chine.

150 GROODT (B.), d'ap. Cuyp. Marine calme. A l'encre de Chine. Du Cabinet du baron Verstolk.

151 GRUYTER. Rivière avec bateaux pêcheurs à voile. Vigoureuse aquarelle.

152 GRUYTER (G.), d'ap. Ostade. Joueur de vielle. Très-belle aquarelle.

153 — Liseur de gazette. Pendant.

154 GUIDO et autres maîtres italiens. 3 p.

155 GUIDE (le). Femme à mi-corps. Crayon.

156 HAANE, d'ap. Ruysdaël. Entrée de forêt, avec mare, berger, brebis. Aquarelle capitale.

157 HACKERT. Paysage boisé, très-piquant de soleil. A l'encre de Chine.

158 HACKERT (J.). Rivière boisée qui baigne les pieds d'une montagne fortifiée. Paysage capital. A l'encre.

159 HACOU. Mer agitée avec vaisseau et barque à voiles. Belle aquarelle.

160 HANEBRINK. Homme et femme assis. 2 p.

161 — Le jeune Pêcheur. — Le jeune Oiselier. 2 crayons noir.

162 HARP (Van). Scènes de villageois qui dansent, traient la vache, etc. 3 dessins, à l'encre, genre Teniers.

163 HEEMSKERK. Paysans qui dansent au son du violon devant des spectateurs. Crayon.

164 HEENCK (J.). Canard dans un beau paysage, très-fini. Aquarelle.

165 — Oie sauvage près de l'eau. Aquarelle.

166 — Pingouin près le bord de la mer. Aquarelle.

167 HIMPEL (A.). Paysage, goût d'Everdingue. A l'encre et bistre.

168 — Paysages avec chaumière, arbres vigoureux, A l'encre de Chine. Deux dessins ovales.

169 — Petits paysages ronds. A l'encre. Deux dessins.

170 HOLLAR (W.). Enfants nus vu devant et de dos. Deux dessins crayon noir.

171 HOOGSTRATEN. Vieillard juif et femme assis recevant une dame de condition et sa suite. Lavé au bistre.

172 HOUBRAKEN. Allégorie pour titre d'un livre sur les sciences et les arts. A l'encre de Chine. Avec la gravure.

173 HUET (C.), Charrette et chiens. **Aquarelle.**

174 HUYGENS (C.), 1675. Vue d'Enghien. A la plume, au bistre. 2 p.

175 — Paysage et ruine. Deux dessins à la plume.

176 HUYSUM (J.). Branche de roses. Sup. aquarelle.

177 — Paysage sauvage. A la plume, lavé.

178 HUYZUM (J -V.). Riche composition de fleurs sur une table de marbre. Superbe aquarelle.

179 JANSON (J.). **Femme savonnant pendant que ses enfants jouent et mangent. Aquarelle.**

180 — Paysages avec animaux. Aquarelles très-finies. 2 p.

181 JANSON (J.-C.). **Paysans causant avec paysannes. Enfants au-devant d'une maison. Aquarelle.**

182 JARDIN (C. du). **Famille de cochons, âne, poule, près d'un puits où l'on tire de l'eau. Crayon.**

183 JELGERSMA (T.). **Fontaine monumentale surmonté du char de Neptune ; cavaliers et dame en chasse font boire leurs chevaux. Aquarelle.**

184 — Chasse au sanglier, 1758. **Aquarelle.**

185 — Deux paysages aquarelles, modèles pour panneaux.

186 JONCKER, genre de Dow. **Vieillard assis à table, devant un livre. Très-fini. Crayon.**

187 KERKHOFF (D.). **Vue de Neandersheul. Crayon et encre.**

188 — Vue de Biljoen, en Gueldre. **Aquarelle capitale.**

189 KLOTZ (V.), 1682. **Vue de la chapelle Saint-Antoine, à Bois-le-Duc. Aquarelle.**

190 KNIP (H.). Chatte avec cinq petits dans un panier,
sur un tapis. Superbe aquarelle.

191 KNIP (J.-A.). Route de Tivoli à Subiaco. Paysage
capital. Superbe aquarelle.

192 KOBELL (H.). Rivière au milieu d'une ville, bateau
à voile chargé de foin; effet de lune. Vrai chef-
d'œuvre du maître. A été gravé. Aquarelle.

193 — Mer agitée, avec vaisseau, chaloupes et bateaux. Très-fini. A l'encre.

194 KOCK (M.). Rivière serpentant dans un bois;
chasseur. Aquarelle.

195 KONINCK et ECHKOUDT. Tête d'homme.—Joueurs
de cartes. Deux dessins, bistre.

196 KONING (P.-H.). Pilate lavant ses mains. — Les
Trois-Croix. Deux dessins au bistre.

197 — Cavalier, dame et enfant devant un marchand
de cantiques. Aquarelle.

198 KONINGH (P.-H.). Paysage avec rivière, dans le
goût de Rembrandt. Aquarelle rare.

199 KOOGEN (L.). Tête d'homme. Lavé à l'encre.
Rare.

200 KUYPER. Femme nue assise. Très-belle aquarelle.

201 LAAN (D.-J.). Femme à sa porte sous des arbres, travaillant; son garçon joue au sabot. Belle
aquarelle.

202 LAMBERTS, d'ap. V. der Meer de Delft. Vue
d'une rue dans une ville avec trois figures, homme
et femmes. Aquarelle pleine de nature. Capitale.

203 — Pendant du précédent. Deux figures.

204 LANGENDYK (D.). Deux chevaux près d'un chariot. Aquarelle.

205 — Le Boute-selle; scène devant la cantine dans
un camp. A l'encre de Chine. Très-beau.

206 — Écurie; militaire caresse une jeune fille à
la fontaine. A l'encre de Chine.

207 LANGENDYK (J.-A.). Marché de chevaux. Aquarelle.

208 — Marchande de dentelles. — Marchand de beurre.
2 aquarelles.

209 — Homme et femme, marchands de pots. Aquarelle.

210 — Marchande de pommes. Aquarelle.

211 — Marchand de poissons. Aquarelle.

212 — Soldats montant une tente. Aquarelle.

213 — Soldat caressant une femme. Aquarelle.

214 — Femme assise sur une brouette cause avec un
homme. Aquarelle.

215 LAQUY. Jeune femme soutenue par son mari pendant que le médecin la saigne. Effet de lumière.
Aquarelle du Cabinet Ploos, vendue 40 fl.

216 — Jeune femme tirant de la bière. Aquarelle, effet
de lumière.

217 — Adoration des bergers. Aquarelle, bel effet de
lumière.

218 LAQUY (J.). Le Marchand de poissons. Cinq figures. Effet de lune et de lumière. Aquarelle.

219 — Vieille donnant une lettre à une servante
Double effet de lumière. Aquarelle.

220 LEONE (P.-D.) Troupeau de bestiaux prêt à sortir
de l'écurie. Sanguine; lavé.

[illegible]

221 LEUPENIUS. Vue de la ville de Gouda. Bistre.

222 LEXMOND (J.-V.). Village près d'une rivière, grande étendue. Aquarelle très-finie.

223 LIENDER (P.). Vue de la forteresse Willemstad. Aquarelle.

224 — Deux petites Vues de villages. Aquarelles très fines.

225 LIEVENS (J.). Paysage capital, avec chaumière. Au bistre.

226 — Chaumières, jeu de quilles, etc. Au bistre, sur papier de Chine.

227 LINGELBACH. Repos du porte-balle. Sanguine.

228 — Chariot à trois chevaux, que l'on charge; femme près des bagages. Crayon et encre.

229 LIS (J.). Paysage en Italie, avec montagne, pont. Au crayon.

230 LUPENIUS. Couvent entouré d'arbres, près d'un village. A la plume et bistre.

231 LYNHOVEN. Cavaliers, scène de camp. Deux très-petits dessins à la plume.

232 MARSEUS (O.). Serpent qui s'enroule sous un chardon pour manger des papillons. Aquarelle capitale et très-rare.

233 MEER (J.-V.). Mouton, brebis et agneau. Aquarelle.

234 — Moutons debout et couchés. Deux aquarelles.

235 MEER (J.-V. der) le jeune. Paysage avec berger, brebis, vaste étendue. A l'encre. D'une grande finesse.

236 — Brebis, agneau et bouc. Deux aquarelles.

237 MERIAN (M.-S.). Couronne impériale et autres fleurs. Aquarelle sur vélin.

238 METZU (G.). Femme assise tenant une bouteille. Crayon.

239 MEULEN (V. der). Deux cavaliers. Au crayon noir.

240 MEULEMANS. Vieille femme à lunettes lisant. Bel effet de lumière. Aquarelle.

241 MEYER (H.), d'ap. S. Hoogh. Intérieur; dame vue de dos, devant une table, enfant dans sa chaise; la porte ouverte laisse voir le gentilhomme dans l'autre pièce. Aquarelle, pleine de soleil.

242 — Intérieur; cavalier, mères et enfants. Aquarelle très-fine.

243 — Le Concert interrompu par une lettre qu'un jeune garçon vient d'apporter. Pendant du précédent.

244 — Tours et monument de cariatides ornent deux paysages de riche composition. Aquarelle.

245 MIÉRIS. Costume romain. Au crayon, très-fini, sur vélin.

246 MIÉRIS (F.). Petit chien épagneul aboyant. Très-fini, au crayon, sur vélin.

247 MIÉRIS (W.). Homme assis près d'un arbre. Crayon.

248 MOLIER. Porte de ville avec herse. Crayon.

249 MOLYN (P.). Paysage rustique. Superbe qualité. Crayon.

250 — Deux paysages, crayon noir, touches de lavis. Figures.

251 — Paysage, goût de Ruysdaël. Lavé.

M. G. 7.

252 MOREELSE. Jésus et ses disciples à Emaüs. A l'encre, sur papier bleu.

253 MOREELSE (P.). Têtes de femmes, très-finies, crayon. 2 p.

254 MORGENSTERN. Chef-d'œuvre d'architure de l'intérieur de St-Pierre de Rome, avec figures, costumes Louis XIV. Belle aquarelle capitale.

255 MOUCHERON (J.), 1742. Terrasse de palais, avec escalier, pavillon, fontaine, riche architecture. Aquarelle capitale de très-belle qualité.

256 — Ancien tombeau entre les escaliers de la terrasse d'un palais, figures. Aquarelle très-belle.

257 — Paysage avec obélisque et figure. Aquarelle.

258 — Monuments à colonnes, avec fontaine et figures, par J. de Witt. 2 aquarelles, exécutées pour intérieur de salon.

259 — Paysage avec cascade, fabriques, figures, dans le goût de Poussin. Très-belle aquarelle.

260 — Intérieur de parc, avec entrée du château près des fontaines et bassin. Aquarelle très-finie.

261 — Grotte rocaille dans un parc, avec fontaine, pour pendant du précédent. Aquarelle.

262 — Terrasse de palais, avec fontaine, statue, vestibule de riche architecture, figure arcadienne. Belle aquarelle.

263 — Vestibule de palais, avec figures arcadiennes qui dansent. Aquarelle. Pendant

264 — Fontaine, monuments; au fond, un port de mer. Aquarelle très-finie.

265 MOUCHERON (F.). Ravin avec cascade, au bistre.

266 — Moulins à eau, site du Dauphiné, à l'encre.

267 — Paysage montueux, avec bâtiments italiens et rivière, plein de soleil et fin de ton. A l'encre.

268 — Paysage montagneux avec cerfs dans l'eau, site sauvage, à l'encre de Chine.

269 MULLE, d'ap. Hobbema. Chaumière entourée d'arbres, près de l'eau. Aquarelle capitale.

270 NAUWINKS. Paysage montagneux, rivière, crayon.

271 NOORDE, d'ap. Avercamp. Rivière gelée, nombre de figures, patineurs, traîneau, cavaliers jouant à la crosse. Aquarelle capitale très-fine.

272 — Village avec figures, chariot de foin. Aquarelle.

273 NUMAN. Le Gué. — Le Coup de vent. 2 paysages au bistre.

274 NUMAN (H.). Paysage sablonneux, plein de soleil. Aquarelle très-finie.

275 — Moulin à vent et chaumière. Aquarelle.

276 OBERMAN (A.). Chaumière. Très-belle aquarelle.

277 — Pêcheur près d'une chaumière, effet d'hiver. Aquarelle.

278 OMMEGANK (P.-B.). Vaches, berger conduisant ses moutons, avec monogramme et 1822, à l'encre, très-rare.

279 OS (J.-V.), d'ap. V. de Velde. Mer agitée, avec frégate hollandaise en panne, barque à voile. Aquarelle très-finie.

280 — Mer calme, avec barques et chaloupe à voile. Aquarelle. Pendant de la précédente.

281 OS (P.-G.-V.). Etudes de brebis. 2 p. Sanguine.

282 — Etude d'une forêt, au crayon.

283 OSTADE (A.). Fumeur assis, vu de dos. — Buveur tenant un pot. 2 petites aquarelles.

à la recherche { 36 35 20

284 — Fumeur assis, très-vigoureuse aquarelle.

285 — Paysan assis, à la plume et bistre.

286 — Intérieur de chaumière avec accessoires, dessin
très-spirituel, au crayon et lavé.

287 — Four dans une cave 'dont la voûte est minée,
avec figures, crayon.

288 — Etudes de neuf figures, à la plume.

289 — Intérieur de paysans qui se chauffent, très-
spirituellement exécuté à la plume.

290 — Intérieur, paysan et sa famille, à la plume,
lavé.

291 — Paysan et sa femme, dansant, à la plume, lavé.

292 — Homme debout, couvert d'un manteau. Aquarelle.

293 — Homme debout vu de dos, tenant une cruche.
Aquarelle.

294 OUDRY (J.-B.). Animaux divers. 6 p. Crayon noir.

295 — Oiseaux divers. 7 p. Crayon noir.

296 — Chèvres et Bouc. 4 p. Crayon noir.

297 OVERBEEK (L.). Figures près d'une chaumière,
avec joli lointain. Aquarelle finie.

298 OVERLAAT, 1770. Petite tête de vieillard, à la
plume.

299 OVERLAAT (P.). Vénus nue, couchée sur un lit;
l'Amour est assis à ses pieds. Au crayon, très-fini,
sur vélin.

300 PFEIFFER (F.-J.). Effet d'Hiver, avec chaumières,
figures, traîneaux. Belle aquarelle.

301 PERIN DEL VAGA. Etudes de tritons, à l'encre et
lavé, rehaussé de blanc.

302 PICART (B.). L'Ascension du Christ, à l'encre, superbe.

303 PIRA. Bestiaux qui s'abreuvent. Aquarelle sur
vélin.

304 POELENBURG (C.). Deux nymphes et Bacchus assis, à la sanguine.

305 — Paysage rocailleux, avec rivière, au bistre.

306 POTTER (P). Deux hommes à cheval, laitière et
vache, etc., au crayon et lavé, les initiales. Rare.

307 — Etudes de moutons. 2 dessins au crayon.

308 POZZI (P.-A.). Cérémonie religieuse dans Saint-
Pierre de Rome, belle architecture, à la plume,
lavé de bistre.

309 PRINCE (le). Paysages agrestes. 2 p. Au bistre.

310 PRINS (J.-H.). Petit pont sur le canal, à Leide.
Très-belle aquarelle, très-finie.

311 — Pont sur un canal, intérieur de ville. Aquarelle
vigoureuse et de toute beauté, 1790.

312 — Intérieur, paysan, femme et enfant, causant.
Aquarelle très-finie.

313 PRONK (C.). Châteaux de Kortenburg et Putlits.
2 aquarelles.

314 — Châteaux d'Egmont, Medemblek et autres. 4
très-petits dessins à l'encre de Chine.

315 — L'Hôtel de ville à Geertruidenberg. Aquarelle.

316 — Château du comte de Stierom. Aquarelle.

317 — Village de Bellinkhof. Aquarelle.

318 — Eglise du village de Leur. Aquarelle.

319 — Château de Spyk, 1725, au bistre.

320 QUELLINUS (E). Seigneur et deux dames qui
chantent, au crayon, lavé de bistre.

321 RAVENSWAAG. Paysage, bestiaux qui s'abreuvent, à l'encre.

322 — Etudes de bouc et chèvres, au crayon.

323 RAVENSWAY. Ruine d'un château et pont, plein
de soleil, à l'encre de Chine.

324 — Vache debout et couchée, superbe, au crayon.

325 RECCO, d'après T. Wyck. Intérieur, mère et son
enfant, servante apportant la bouillie, jeune garçon, divers ustensiles; au fond, homme lisant.
Aquarelle capitale.

326 — Sainte Famille, à mi-corps. Superbe aquarelle.

327 REEKERS, d'ap. J. Steen. Vieille attendant la dé-
cision du médecin qui tâte le pouls de sa fille malade. Aquarelle vigoureuse. Intérieur.

328 — Jeune pêcheur coupant de la viande dans un
plat sur un tonneau. Aquarelle.

329 REMBRANDT. Résurrection de Lazare, composition capitale de dix figures, à la plume et bistre.

330 — Deux figures agenouillées devant un archevêque
sur son trône, à la plume, lavé.

331 — Suzanne au bain, croquis à la plume.

332 — L'Ange disparaissant devant Tobie. — Repos
en Egypte. 2 dessins à la plume.

333 — Jésus, Marthe et Marie. — Scène de décapita-
tion. 2 dessins à la plume.

334 RENTINCK, d'après Wouverman. Cheval blanc
près d'un bûcheron faisant un fagot; au fond,
femme et enfant. Superbe aquarelle du cabinet
Ploos, vendue 100 florins.

335 RIDINGER (J.-E.). Tigresse et ses petits, crayon
et lavé.

336 RIETSCHOOF (R.). Mer, vent frais, avec vaisseaux à voile, à l'encre de Chine.

337 RITTER (N.). Le Peintre, le Laboureur, le Matelot, le Berger. 4 dessins, crayon noir.

338 ROGHMAN (R.). Château de Bekelaar. Aquarelle, rare.

339 — Hôtellerie près d'un vieux château en ruines, à l'encre de Chine.

340 ROMYN (W.). Ane, moutons et chèvres, dessin capital au crayon, lavé à l'encre.

341 ROOS (J.-H.). Chariot passant un pont jeté sur un torrent, crayon, lavé au bistre.

342 ROTTENHAMER. Bacchanales, etc. 3 p.

342 *bis.* RUBBENS. Etudes de quatre amours et enfants, crayon noir et sanguine.
— Prêtre debout, au crayon.
— Sujets religieux, études. 4 p.

343 RUGENDAS. Scène religieuse dans un camp, au bistre.

344 RUISDAEL (J.). Vues aux environs de Harlem. 2 p. Crayon.

345 — Vue du château de Oudaan, à l'encre de Chine.

346 — Torrent entre des rochers garnis de pins, crayon et lavé.

347 RUE (de la). Paysages, rivières et bestiaux, figures. 2 aquarelles.

348 RYK (J. de). Berger gardant ses bestiaux près d'une chaumière, à l'encre de Chine, superbe, aussi beau que Van de Velde.

349 — Etudes de moutons et bélier, au crayon, très-fini.

Margin 12

350 SADELER. Le Christ inspirant le docteur près du malade, à l'encre de Chine.

351 SAENREDAM (P.), 1650. Intérieur d'église, architecture. Aquarelle.

352 SAFTLEVEN (C.). Tronc très-tourmenté d'un gros arbre mort, crayon, lavé.

353 SAFTLEVEN (H.). Ruines d'un ancien mur. Aquarelle.

354 — 1664. Vues de Delfshaven, très-curieux, en 4 feuilles. Aquarelles.

355 — Moulin à eau, crayon, lavé de bistre.

356 — Ancien bâtiment en ruines, plein de soleil, crayon, lavé de bistre.

357 SAS. Ancien bâtiment et fortifications. 2 dessins à la plume, genre de Nieulant.

358 SCHELLINGS. Paysage capital, avec rivière. Crayon lavé.

359 SCHELLINGS (W.). Paysage montagneux, avec passerelles sur la rivière. Crayon et lavé.

360 SCHOTEL (J.-C.). Mer agitée se brise contre une jetée, chaloupe à voile, figures. Aquarelle superbe et capitale.

361 SCHOTEL (P.-J.). Mer agitée avec chaloupes à voiles. Aquarelle capitale et très-vigoureuse.

362 SCHOUMAN (M.). Mer agitée avec vaisseau et chaloupes à voiles. Riche composition. Aquarelle.

363 — Vue de la plage de Scheveningue. Capital, avec grand mouvement de figures et de barques, à l'encre de Chine.

364 — Vue du village de Ouwerkerk. A l'encre.

365 — Mer très-agitée, chaloupe et vaisseau à voile.
Aquarelle capitale.

366 — Mer agitée avec vaisseau et chaloupes à voiles.
Très belle qualité. A l'encre de Chine.

367 SCHOUMAN (A.). Deux Oiseaux sur une branche.
Superbe aquarelle.

368 — Oiseau blanc des côtes d'Island. Aquarelle.

369 — Hibou sur une branche. Aquarelle.

370 — Pigeon doré sur une branche. Aquarelle.

371 — Tête d'un Autour. Aquarelle.

372 SCHWEGMAN (H.). Branche de giroflée. Aquarelle.

373 SLINGELANT (P.-V.). Dame assise sur une ba-
lustrade. Aquarelle très-finie, sur vélin, très-rare.

374 — Jeune homme debout devant une table. Au
crayon.

375 SMAK GREGOR. Cheval, chariot et bestiaux. Très-
fini, à l'encre.

376 SNAYERS. Maître de Van der Meulen. Combat de
cavaliers. A la plume, imitant la gravure.

377 SORGH (M.). Fumeur assis près d'un tonneau ; au
fond figure ; la signature est sur un banc. Plume
et crayon, rare.

378 SOUKENS (H.). Ruines monumentales et figures.
A l'encre.

379 STEEN (J.). Médecins visitant des pestiférés. A la
plume, lavé.

380 STOKVISCH (H.). Vache couchée. Etude très-
belle aux trois crayons.

381 STORCK (J.). 1676. Port du levant avec monument, figures orientales. Aquarelle, très-rare.

Duval   20

382 — 1680. Proue de navire, riche de sculpture, etc.
A la plume, lavé.

383 STRY (A.-V.). D'ap. Matton. Jeune bergère en-
dormie les pieds dans l'eau ; un jeune garçon lui
verse de l'eau dans le cou. Superbe aquarelle.

384 STRY (J.-V.). Cavalier et bestiaux au repos.
Aquarelle.

385 — Vieillard assis avec verre et pipe à la main. Bel
effet de soleil à l'intérieur, crayon.

386 TEMPEL (A.). Bergère couronnant de lierre son
berger. Scène d'Arcadie, au crayon.

387 TENIERS (D.). Paysage, trois paysans causent ;
au fond, un petit château. Sup. qualité au crayon,
très-fini.

388 — Tête de vieillard, grande barbe et bonnet. Sur
vélin, a été gravé par lui-même.

389 — Etudes d'accessoires de cuisine ; au fond, un
paysan passe sa tête par le haut de la porte.

390 — Charpentiers, 3 fig. A la sanguine.

391 TROOST (C.). La Sentinelle trompée, scène de
comédie. Aquarelle.

392 — Cavalier Louis XV appelant à l'auberge. Aquarelle.

393 UDEN (L.). 1644. Paysage très-fini. Aquarelle,
rare.

394 ULFT (J.-V.). Condamné implorant sa grâce au
pied du trône d'un roi, un évêque et moines l'as-
sistent. Aquarelle.

395 — Intérieur de forêt éclatant de soleil, au bistre.

396 — Ruines du Colysée, au bistre.

397 VELDE (W. v. de). Calme avec canots, chaloupes, etc., au bistre.

398 — Flotte hollandaise. Très-capital, crayon, lavé.

399 — Marine. Riche composition, près la rive, crayon, lavé.

400 VELDE (A. v. de). Etude de Vaches couchées. 2 p., au crayon.

401 — Bois du château de Buren. A l'encre.

402 — Femme assise dormant. Sanguine.

403 VELDE (E.). Paysanne suivant son mari à cheval prêt à passer un pont de planches. Crayon, lavé.

404 VERBOOM (A.). Petit paysage. Aquarelle, rare, signée.

405 VERKOLIE (N.). Amon cherchant à séduire Tamar. Superbe dessin à l'encre de Chine.

406 — Sujet biblique. 4 figures à l'encre de chine.

407 VERSCHURING (H.). Repos de Cavaliers près l'hôtellerie. Lavé à l'encre.

408 — L'Hercule Farnèse et autres fragments romains. A l'encre.

409 — Marché avec fontaine, chevaux. A l'encre de Chine.

410 VERRYK (J.). Vue de la porte de Harlem, à Amsterdam. Aquarelle.

411 VETTERWENKEL. Barques à voiles sur la mer agitée. A l'encre de Chine.

412 VISSCHER (C.). Buste d'homme les mains jointes. Crayon.

413 — 1654. Seigneur la main sur sa poitrine. Très-beau, au crayon noir.

414 — (C. Jans). Anciens costumes hollandais, barques et voitures à voiles. 2 dessins à la plume et lavés.

415 VISSCHER (C.-J.). Vue d'Amersfoort. Aquarelle.

416 VITERINGA (W.). Marine avec yacht et autres à voiles. Aquarelle très-belle.

417 — Marine, calme. Aquarelle.

418 VLIEGER (S.). Paysage montagneux avec cascade. Crayon.

419 VOIS (A. de). Buste d'un gentilhomme près d'une balustre. Dessin au crayon, très-fin, rare de ce maître.

420 VROOM (C.). 1631. Paysage. Grande étendue, à la plume.

421 WATERLO (A.). Végétation sur un grand rocher. Dessin capital, crayon et encre.

422 — Vues de grande étendue sur le Rhin. 2 p., crayon.

423 — Pont de pierre, maison et ruines. A l'encre.

424 — Paysage boisé, pont et église. Crayon et encre.

425 — Paysage sabloneux avec de grands arbres. Au crayon, dessin capital.

426 — Ruines de Brederode. A l'encre de Chine.

427 — Porte de ville avec promenade. Au crayon.

428 — Paysage avec chaumières. Aquarelle de toute beauté, très-rare.

429 WEENINKS (G.). Chariot prêt à passer sur un pont dans un paysage montagneux. Sanguine.

430 WEIROTTER. Puit près de chaumières. Au bistre.

431 WESTENBERG (P.-G.). Ruine de Brederode. Crayon et encre.

432 WICART (N.). La rivière de Lek, avec chaloupes, canots, etc., d'après nature. Aquarelle.

433 WILKENS (F.). Paysage, avec rivière. A la plume.

434 WITT (J. de). Tête de Vierge, de profil. Crayon de pastel.

435 — Fuite en Égypte. Superbe aquarelle.

436 — L'Automne, groupe de quatre enfants. Aquarelle.

437 — Résurrection du Christ. Superbe aquarelle capitale du cab. Muilman vendue 109 florins.

438 — Tête de chérubin, grandeur naturelle. Crayon rouge et noir.

439 — Les Saisons, allégorie pour plafond. Aquarelle.

440 — Jugement de Midas entre Apollon et Pan. Aquarelle, d'après Rottenhamer.

441 — Allégorie, femme sur un trône entourée d'enfants. Aquarelle.

442 — Clymène et son fils Phaéton. Belle aquarelle.

443 — Architecture, Musique, Automne, 3 allégories, groupes d'enfants.

444 WOLF, d'après Ostade. Fumeur assis. Très-belle aquarelle.

445 WORST (J.). Ruines de voûtes. Crayon et bistre.

446 — Vue de Vienne, en France. A l'encre de Chine.

447 WOUVERMANS (Ph.). Le Départ pour la chasse, charmante et riche composition de seigneurs et dames. Etude capitale, à l'encre de Chine.

448 — Chariots traversant un ruisseau pour remonter le haut chemin, Voyageurs au repos, etc. Dessin très-capital, à l'encre de Chine.

449 WYCK (Th.). Maison rustique. A l'encre.

450 ZAGTLEVEN (H.). Paysage montagneux. Crayon et lavé.

451 — Etudes de plantes. Aquarelles. 5 p.

452 — Ruine ancienne. Aquarelle, avec signature.

453 — Anciens bâtiments, avec inscription et signature. Aquarelle.

454 ZEEMAN (R.). Marine, calme, avec vaisseaux et pêcheurs. Lavé à l'encre.

Coller 5

Loperlés 30

Coulet 6

coller 5

Coller 7

455 ZORGH (M.). Intérieur de cuisine. Crayon.

456 ZUCCARO. Sculpture pour angle de plafond, Groupe d'enfants, etc. Plume, bistre et blanc.

GOUACHES

457 GOUACHES. Sujets chinois, intérieurs et extérieurs. 3 p.

458 DESSINS CHINOIS. 4 fleurs brodées en soie et reportées sur papier de Chine. — Gouaches sur papier de Chine, Scène de la vie chinoise, etc. En tout, 29 pièces ; seront divisées.

459 DESSINS PERSANS. Portraits de seigneurs, rajah, combats, scènes de Fakir, danses, scènes d'intérieur de femmes, etc., etc. 24 dessins d'une grande finesse, gouaches rehaussées d'or ; seront divisés.

460 AGRICOLA. Paysage orné de ruines près d'une rivière. Gouache très-finie.

461 — Fleurs et Tulipe, papillon, sur vélin.

462 BATTEM (van). Paysage montagneux, cascade, pont rustique, chasse au cerf. Superbe, très-fine.

463 — Bords du Rhin, haute montagne surmontée d'un château, nombre de barques en mouvement. Superbe qualité.

464 DALENS (D.). Paysage capital avec chasse au cerf; animaux passant une rivière. Grande étendue.

465 GLAUBER. Paysage arcadien, figures, monuments. Superbe gouache.

466 HENGSTENBURG. Fleurs, plantes, oiseaux, papillons, lézard, etc., sur vélin.

467 — Fruits divers, colimaçon et souris, maïs, etc. Sur vélin.

468 — Bouquet de fleurs, sur vélin.

469 HUYSUM (J.). Perroquet et deux Paons près d'un vase orné de fleurs dans un jardin, avec figures, par Moucheron. Superbe gouache.

470 LAAN (Van der). 1780. Chaumière près d'un pont, auprès l'on charge des gerbes sur une charrette. Superbe gouache, très-finie.

471 MERIAN (J.). Fleurs, papillons, insectes. 2 gouaches, sur vélin.

472 MEYER (H.). 1780. Vue d'une ville, avec rivière glacée, effet de lune, patineurs, buveurs sous une tente, effet de lanterne. Belle gouache.

473 — Moulin à eau avec lointain. Petite gouache ronde de la plus grande finesse et beauté.

474 MOUCHERON, d'après Poussin. Paysage rocheux, avec sujet de Pan et Syrinx, de la plus belle qualité et finesse, sur vélin.

475 PFEIFFER (F.-J.). Retour de la famille. Superbe effet de lune l'hiver par un grand vent.

476 RADEMAKER. Paysage de la plus grande étendue, avec rivière serpentant entre des villages et montagnes.

477 RAUSCHNER. Chemin sablonneux au milieu d'un bois, berger et son chien gardant un troupeau de moutons. Gouache capitale et d'un effet magnifique.

478 — Paysage splendide boisé, pâtre conduisant ses bestiaux. Pendant du précédent.

479 RAUSNER. Paysage montagneux, avec ruines, paysan conduisant deux ânes chargés. Très-capital.

480 ULFT. Réception d'un personnage étranger à l'entrée d'une ancienne ville romaine, nombre de figures, cavaliers, etc.

RENOU et MAULDE, imprimeurs de la Compagnie des Commissaires-Priseurs, rue de Rivoli, 144.   6895

www.ingramcontent.com/pod-product-compliance
Ingram Content Group UK Ltd.
Pitfield, Milton Keynes, MK11 3LW, UK
UKHW031847170726
13836UKWH00004B/1931